This planner belongs to

Copyright © NNJ Planner

Personal Expense Tracker

MONTH: _____   YEAR: _____

Date	Description of Expense	Payment Type	Amount

Total Income: Total Expenses:

Personal Expense Tracker

MONTH: _____ YEAR: _____

Date	Description of Expense	Payment Type	Amount

Total Income: _____   Total Expenses: _____

Personal Expense Tracker

MONTH: _____ YEAR: _____

Date	Description of Expense	Payment Type	Amount

Total Income: _____   Total Expenses: _____

Personal Expense Tracker

MONTH: _____ YEAR: _____

Date	Description of Expense	Payment Type	Amount

Total Income: Total Expenses:

Personal Expense Tracker

Month: _____   Year: _____

Date	Description of Expense	Payment Type	Amount

Total Income: Total Expenses:

Personal Expense Tracker

MONTH: _____   YEAR: _____

Date	Description of Expense	Payment Type	Amount

Total Income: _____   Total Expenses: _____

Personal Expense Tracker

MONTH: _____ YEAR: _____

Date	Description of Expense	Payment Type	Amount

Total Income: _____ Total Expenses: _____

Personal Expense Tracker

MONTH: _____   YEAR: _____

Date	Description of Expense	Payment Type	Amount

Total Income: _____   Total Expenses: _____

Personal Expense Tracker

MONTH: _____ YEAR: _____

Date	Description of Expense	Payment Type	Amount

Total Income: _____ Total Expenses: _____

Personal Expense Tracker

MONTH: _____ YEAR: _____

Date	Description of Expense	Payment Type	Amount

Total Income: _____   Total Expenses: _____

Personal Expense Tracker

MONTH: _____ YEAR: _____

Date	Description of Expense	Payment Type	Amount

Total Income: _____ Total Expenses: _____

Personal Expense Tracker

MONTH: _____ YEAR: _____

Date	Description of Expense	Payment Type	Amount

Total Income: _____ Total Expenses: _____

Personal Expense Tracker

Month: _____ Year: _____

Date	Description of Expense	Payment Type	Amount

Total Income: _____ Total Expenses: _____

Personal Expense Tracker

MONTH: _____ YEAR: _____

Date	Description of Expense	Payment Type	Amount

Total Income: _____ Total Expenses: _____

Personal Expense Tracker

Month: _____   Year: _____

Date	Description of Expense	Payment Type	Amount

Total Income: Total Expenses:

Personal Expense Tracker

Month: _____   Year: _____

Date	Description of Expense	Payment Type	Amount

Total Income: _____   Total Expenses: _____

Personal Expense Tracker

MONTH: _____ YEAR: _____

Date	Description of Expense	Payment Type	Amount
Total Income:		Total Expenses:	

Personal Expense Tracker

MONTH: _____ YEAR: _____

Date	Description of Expense	Payment Type	Amount

Total Income: _____ Total Expenses: _____

Personal Expense Tracker

MONTH: _____   YEAR: _____

Date	Description of Expense	Payment Type	Amount

Total Income: _____   Total Expenses: _____

Personal Expense Tracker

MONTH: _____ YEAR: _____

Date	Description of Expense	Payment Type	Amount

Total Income: _____ Total Expenses: _____

Personal Expense Tracker

Month: _____ Year: _____

Date	Description of Expense	Payment Type	Amount

Total Income: _____ Total Expenses: _____

Personal Expense Tracker

MONTH: _____ YEAR: _____

Date	Description of Expense	Payment Type	Amount

Total Income: _____ Total Expenses: _____

Personal Expense Tracker

MONTH: _____ YEAR: _____

Date	Description of Expense	Payment Type	Amount

Total Income: _____   Total Expenses: _____

Personal Expense Tracker

MONTH: _____ YEAR: _____

Date	Description of Expense	Payment Type	Amount

Total Income: _____   Total Expenses: _____

Personal Expense Tracker

Month: _____ Year: _____

Date	Description of Expense	Payment Type	Amount

Total Income: Total Expenses:

Personal Expense Tracker

MONTH: _____ YEAR: _____

Date	Description of Expense	Payment Type	Amount

Total Income: _____ Total Expenses: _____

Personal Expense Tracker

MONTH: _____ YEAR: _____

Date	Description of Expense	Payment Type	Amount

Total Income: _____   Total Expenses: _____

Personal Expense Tracker

MONTH: _____   YEAR: _____

Date	Description of Expense	Payment Type	Amount

Total Income: _____   Total Expenses: _____

Personal Expense Tracker

Month: _____ Year: _____

Date	Description of Expense	Payment Type	Amount
Total Income:		Total Expenses:	

Personal Expense Tracker

MONTH: _____ YEAR: _____

Date	Description of Expense	Payment Type	Amount

Total Income: Total Expenses:

Personal Expense Tracker

MONTH: _____ YEAR: _____

Date	Description of Expense	Payment Type	Amount

Total Income: Total Expenses:

Personal Expense Tracker

MONTH: _____ YEAR: _____

Date	Description of Expense	Payment Type	Amount

Total Income: Total Expenses:

Personal Expense Tracker

MONTH: _____ YEAR: _____

Date	Description of Expense	Payment Type	Amount

Total Income: _____ Total Expenses: _____

Personal Expense Tracker

MONTH: _____ YEAR: _____

Date	Description of Expense	Payment Type	Amount

Total Income: _____   Total Expenses: _____

Personal Expense Tracker

MONTH: _____   YEAR: _____

Date	Description of Expense	Payment Type	Amount

Total Income: _____   Total Expenses: _____

Personal Expense Tracker

MONTH: _____   YEAR: _____

Date	Description of Expense	Payment Type	Amount

Total Income: _____   Total Expenses: _____

Personal Expense Tracker

Month: _____ Year: _____

Date	Description of Expense	Payment Type	Amount

Total Income: _____   Total Expenses: _____

Personal Expense Tracker

MONTH: _____ YEAR: _____

Date	Description of Expense	Payment Type	Amount

Total Income: _____ Total Expenses: _____

Personal Expense Tracker

MONTH: _____ YEAR: _____

Date	Description of Expense	Payment Type	Amount

Total Income: Total Expenses:

Personal Expense Tracker

Month: _____ Year: _____

Date	Description of Expense	Payment Type	Amount

Total Income: _____   Total Expenses: _____

Personal Expense Tracker

Month: _____ Year: _____

Date	Description of Expense	Payment Type	Amount

Total Income: Total Expenses:

Personal Expense Tracker

MONTH: _____   YEAR: _____

Date	Description of Expense	Payment Type	Amount

Total Income: _____   Total Expenses: _____

Personal Expense Tracker

MONTH: _____ YEAR: _____

Date	Description of Expense	Payment Type	Amount

Total Income: Total Expenses:

Personal Expense Tracker

Month: _____ Year: _____

Date	Description of Expense	Payment Type	Amount

Total Income: _____ Total Expenses: _____

Personal Expense Tracker

MONTH: _____ YEAR: _____

Date	Description of Expense	Payment Type	Amount

Total Income: Total Expenses:

Personal Expense Tracker

MONTH: _____ YEAR: _____

Date	Description of Expense	Payment Type	Amount

Total Income: Total Expenses:

Personal Expense Tracker

MONTH: _____ YEAR: _____

Date	Description of Expense	Payment Type	Amount

Total Income: _____ Total Expenses: _____

Personal Expense Tracker

MONTH: _____   YEAR: _____

Date	Description of Expense	Payment Type	Amount
Total Income:		Total Expenses:	

Personal Expense Tracker

MONTH: .... YEAR: ....

Date	Description of Expense	Payment Type	Amount
Total Income:		Total Expenses:	

Personal Expense Tracker

MONTH: _____ YEAR: _____

Date	Description of Expense	Payment Type	Amount

Total Income: Total Expenses:

Personal Expense Tracker

MONTH: _____ YEAR: _____

Date	Description of Expense	Payment Type	Amount

Total Income: _____   Total Expenses: _____

Personal Expense Tracker

MONTH: _____ YEAR: _____

Date	Description of Expense	Payment Type	Amount
Total Income:		Total Expenses:	

Personal Expense Tracker

MONTH: _____ YEAR: _____

Date	Description of Expense	Payment Type	Amount

Total Income: _____ Total Expenses: _____

Personal Expense Tracker

MONTH: _____   YEAR: _____

Date	Description of Expense	Payment Type	Amount

Total Income: Total Expenses:

Personal Expense Tracker

MONTH: _____   YEAR: _____

Date	Description of Expense	Payment Type	Amount

Total Income: _____   Total Expenses: _____

Personal Expense Tracker

Month: _____   Year: _____

Date	Description of Expense	Payment Type	Amount
Total Income:		Total Expenses:	

Personal Expense Tracker

MONTH: _____ YEAR: _____

Date	Description of Expense	Payment Type	Amount
Total Income:		Total Expenses:	

Personal Expense Tracker

MONTH: _____ YEAR: _____

Date	Description of Expense	Payment Type	Amount

Total Income: _____   Total Expenses: _____

Personal Expense Tracker

MONTH: _____ YEAR: _____

Date	Description of Expense	Payment Type	Amount
Total Income:		Total Expenses:	

Personal Expense Tracker

MONTH: _____   YEAR: _____

Date	Description of Expense	Payment Type	Amount

Total Income: Total Expenses:

Personal Expense Tracker

MONTH: _____ YEAR: _____

Date	Description of Expense	Payment Type	Amount

Total Income: _____   Total Expenses: _____

Personal Expense Tracker

MONTH: _____ YEAR: _____

Date	Description of Expense	Payment Type	Amount

Total Income: _____   Total Expenses: _____

Personal Expense Tracker

Month: _____   Year: _____

Date	Description of Expense	Payment Type	Amount

Total Income: _____   Total Expenses: _____

Personal Expense Tracker

MONTH: _____ YEAR: _____

Date	Description of Expense	Payment Type	Amount

Total Income: _____ Total Expenses: _____

Personal Expense Tracker

MONTH: _____ YEAR: _____

Date	Description of Expense	Payment Type	Amount

Total Income: _____ Total Expenses: _____

Personal Expense Tracker

MONTH: _____ YEAR: _____

Date	Description of Expense	Payment Type	Amount
Total Income:		Total Expenses:	

Personal Expense Tracker

Month: _____ Year: _____

Date	Description of Expense	Payment Type	Amount

Total Income: _____ Total Expenses: _____

Personal Expense Tracker

MONTH: _____   YEAR: _____

Date	Description of Expense	Payment Type	Amount

Total Income: Total Expenses:

Personal Expense Tracker

MONTH: _____   YEAR: _____

Date	Description of Expense	Payment Type	Amount

| Total Income: | | Total Expenses: | |

Personal Expense Tracker

MONTH: _____ YEAR: _____

Date	Description of Expense	Payment Type	Amount
Total Income:		Total Expenses:	

Personal Expense Tracker

MONTH: _____ YEAR: _____

Date	Description of Expense	Payment Type	Amount

Total Income: _____   Total Expenses: _____

Personal Expense Tracker

MONTH: _____ YEAR: _____

Date	Description of Expense	Payment Type	Amount
Total Income:		Total Expenses:	

Personal Expense Tracker

MONTH: _____ YEAR: _____

Date	Description of Expense	Payment Type	Amount

Total Income: _____ Total Expenses: _____

Personal Expense Tracker

MONTH: _____ YEAR: _____

Date	Description of Expense	Payment Type	Amount

Total Income: _____ Total Expenses: _____

Personal Expense Tracker

MONTH: _____   YEAR: _____

Date	Description of Expense	Payment Type	Amount

Total Income: Total Expenses:

Personal Expense Tracker

Month: _____ Year: _____

Date	Description of Expense	Payment Type	Amount
Total Income:		Total Expenses:	

Personal Expense Tracker

MONTH: _____ YEAR: _____

Date	Description of Expense	Payment Type	Amount

Total Income: _____ Total Expenses: _____

Personal Expense Tracker

MONTH: _____   YEAR: _____

Date	Description of Expense	Payment Type	Amount

Total Income: _____   Total Expenses: _____

Personal Expense Tracker

Month: _____ Year: _____

Date	Description of Expense	Payment Type	Amount

Total Income: _____ Total Expenses: _____

Personal Expense Tracker

MONTH: _____   YEAR: _____

Date	Description of Expense	Payment Type	Amount
Total Income:		Total Expenses:	

Personal Expense Tracker

MONTH: _____ YEAR: _____

Date	Description of Expense	Payment Type	Amount

Total Income: _____ Total Expenses: _____

Personal Expense Tracker

MONTH: .... YEAR: ....

Date	Description of Expense	Payment Type	Amount

Total Income: Total Expenses:

Personal Expense Tracker

MONTH: _____ YEAR: _____

Date	Description of Expense	Payment Type	Amount

Total Income: Total Expenses:

Personal Expense Tracker

MONTH: _____ YEAR: _____

Date	Description of Expense	Payment Type	Amount
Total Income:		Total Expenses:	

Personal Expense Tracker

MONTH: _____ YEAR: _____

Date	Description of Expense	Payment Type	Amount

Total Income: _____ Total Expenses: _____

Personal Expense Tracker

MONTH: _____ YEAR: _____

Date	Description of Expense	Payment Type	Amount

Total Income: _____   Total Expenses: _____

Personal Expense Tracker

Month: _____ Year: _____

Date	Description of Expense	Payment Type	Amount

Total Income: _____ Total Expenses: _____

Personal Expense Tracker

MONTH: _____ YEAR: _____

Date	Description of Expense	Payment Type	Amount

Total Income: _____   Total Expenses: _____

Personal Expense Tracker

MONTH: _____ YEAR: _____

Date	Description of Expense	Payment Type	Amount

Total Income: _____   Total Expenses: _____

Personal Expense Tracker

MONTH: _____   YEAR: _____

Date	Description of Expense	Payment Type	Amount

Total Income: _____   Total Expenses: _____

Personal Expense Tracker

MONTH: _____   YEAR: _____

Date	Description of Expense	Payment Type	Amount

Total Income: Total Expenses:

Personal Expense Tracker

MONTH: _____   YEAR: _____

Date	Description of Expense	Payment Type	Amount

Total Income: _____   Total Expenses: _____

Personal Expense Tracker

MONTH: _____ YEAR: _____

Date	Description of Expense	Payment Type	Amount
Total Income:		Total Expenses:	

Personal Expense Tracker

MONTH: _____ YEAR: _____

Date	Description of Expense	Payment Type	Amount

Total Income: Total Expenses:

Personal Expense Tracker

Month: _____ Year: _____

Date	Description of Expense	Payment Type	Amount

Total Income: Total Expenses:

Personal Expense Tracker

MONTH: _____ YEAR: _____

Date	Description of Expense	Payment Type	Amount

Total Income: Total Expenses:

Personal Expense Tracker

MONTH: _____ YEAR: _____

Date	Description of Expense	Payment Type	Amount

Total Income: _____ Total Expenses: _____

Personal Expense Tracker

MONTH: _____ YEAR: _____

Date	Description of Expense	Payment Type	Amount

Total Income: _____   Total Expenses: _____

Personal Expense Tracker

MONTH: _____ YEAR: _____

Date	Description of Expense	Payment Type	Amount

Total Income: _____   Total Expenses: _____

Personal Expense Tracker

Month: _____ Year: _____

Date	Description of Expense	Payment Type	Amount

Total Income: _____   Total Expenses: _____

www.ingramcontent.com/pod-product-compliance
Lightning Source LLC
Chambersburg PA
CBHW081009170526
45158CB00010B/2980